Meals to go

TOLLE MEAL-PREP-REZEPTE FÜR UNTERWEGS

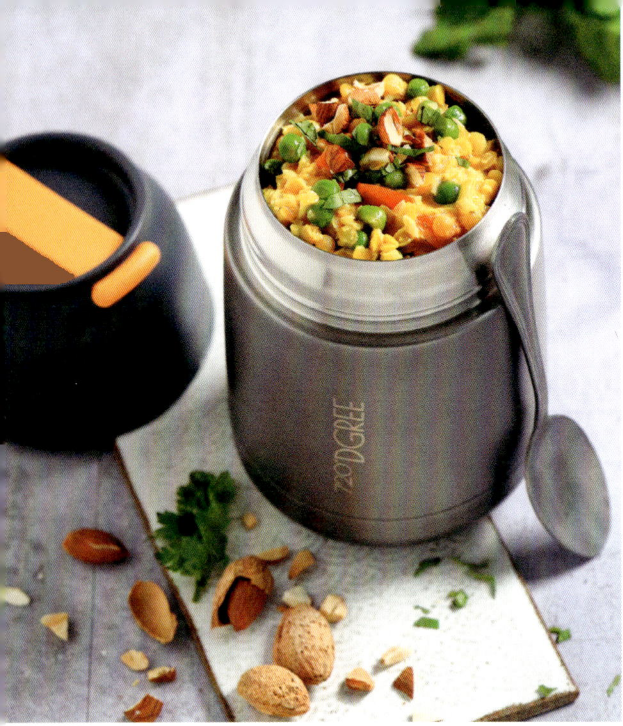
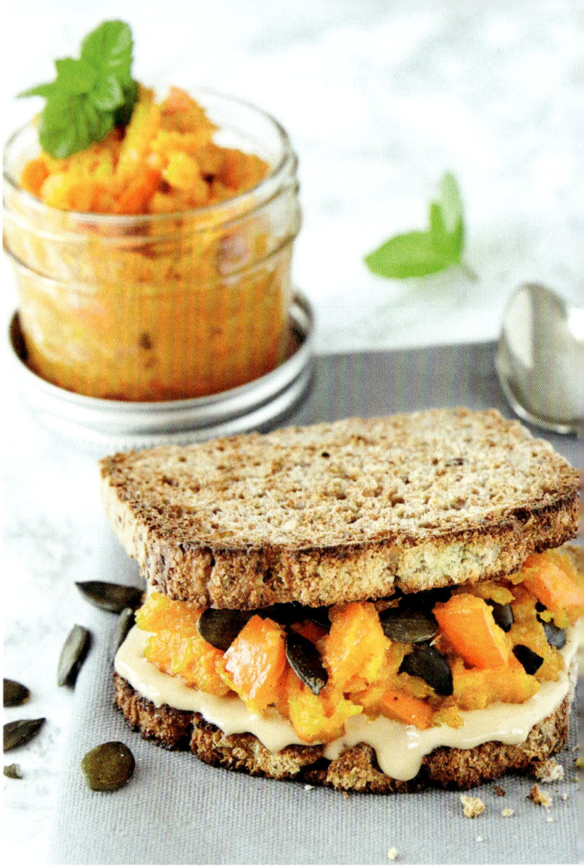
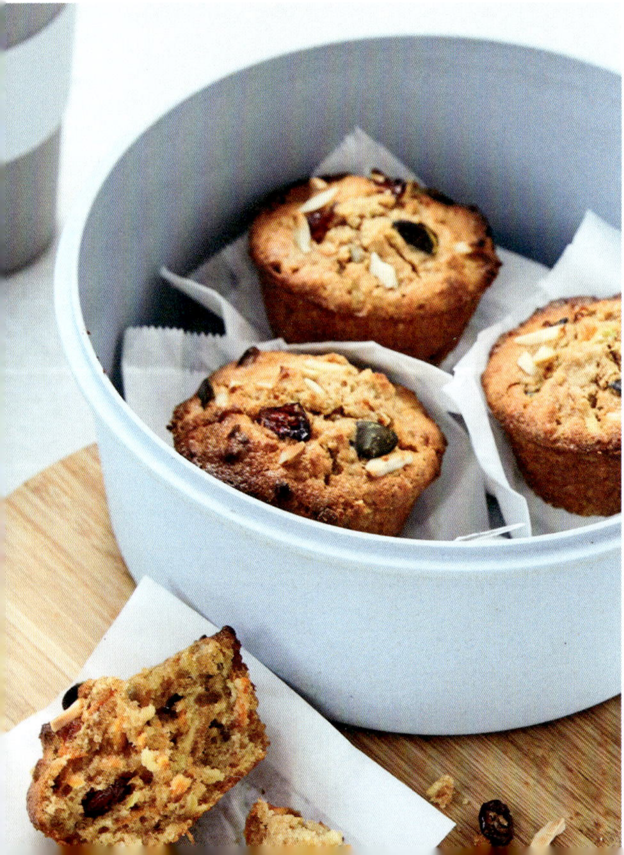
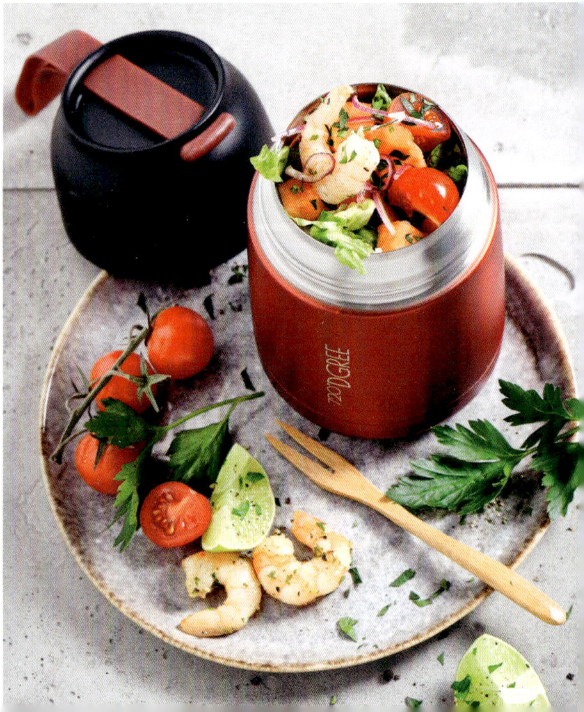

Vorwort

Manchmal muss es etwas schneller gehen. Oft haben wir perfekt durchgetaktete Tagesabläufe und egal ob Universität oder Arbeit, die meisten von uns sind tagsüber unterwegs. Trotzdem ist es wichtig, dass wir uns dabei möglichst bewusst und abwechslungsreich ernähren. Manchmal ein Kaffee to go vom Bäcker, ein schnelles Fertig-Sandwich für Mittags und zwischendrin mal fix ein gekaufter Riegel.

Wir finden, das muss nicht sein! Denn mit etwas Vorbereitung und den richtigen Behältern kann man sich einen ziemlich guten Essensplan für die Woche erstellen, auch wenn man dabei viel unterwegs ist. Die Rezepte in diesem Buch sind einfach, ausgewogen und auf jeden Fall dafür geeignet, dass man sie in seiner Mittagspause auf der Arbeit oder in der Universität oder auch auf der nächsten Zugfahrt genießen kann.

GUTEN APPETIT!

Inhalt

Meal Prep – das Prinzip

WAS IST MEAL PREP?

Die Beantwortung der Frage liegt im Prinzip im Wort selbst: Meal Preperation, also die Vorbereitung von Mahlzeiten.

Der Gedanke dahinter ist ganz einfach: Anstatt die frischen Lebensmittel nach dem Einkaufen so lange zu lagern, bis du sie für eine Mahlzeit brauchst, werden sie meist am nächsten Tag frisch verarbeitet und portionsweise in Dosen und Einmachgläser verpackt. So behalten sie ihre wertvollen Inhaltsstoffe und helfen dir dabei, dich besser, gesünder und bewusster zu ernähren. Das Vorkochen hat also mehrere Vorteile.

Für dich bedeutet das: einmal Lebensmittel einkaufen, einen Tag kochen, mehrere Tage genießen. Denn: Den Rest der Woche über isst du einfach die vorbereiteten Mahlzeiten und hast jeden Tag köstliche Low-Carb-Gerichte, auf die du dich freuen kannst – vom Frühstück über Lunch-to-go bis hin zum Abendessen.

DIE VORTEILE VON MEAL PREP

Gesunde und ausgewogene Mahlzeiten für mehrere Tage vorbereiten spart dir Zeit und Kalorien, dein Geldbeutel wird geschont, und du verschwendest keine Lebensmittel. Vor allem: Du hast die Nährwerte und auch die Inhaltsstoffe deiner Mahlzeiten unter Kontrolle. Du gewinnst also durch das Vorkochen.

Darum lohnt sich Meal Prep:

o Zeit sparen

o weniger Ausgaben

o keine unnötigen Kalorien

o Kontrolle über den Low-Carb-Gehalt

o eignet sich für alle Mahlzeiten vom Frühstück bis hin zum Abendessen

o keine Lebensmittel-Verschwendung

o gesunde Ernährung

o Kontrolle über dein Gewicht

Meal Prep ist ein ideales Mittel für dich, zu einer ausgewogenen und gesunden Ernährung zurückzufinden. Denn was bei dir im Einmachglas oder in der Lunchbox landet, entscheidest du ganz allein und weißt daher auch immer genau, was in deinen Mahlzeiten drinsteckt.

So hilft dir Meal Prep auch bei der Gewichtskontrolle und beim Abnehmen. Zukünftig kommst du nicht mehr in Versuchung, einfach irgendetwas schnell „hinunterzuschlingen". Du lernst, bewusst zu genießen und kannst dich an den kohlenhydratarmen Gerichten auch satt essen. Gleichzeitig hast du deine Nährwerte voll im Griff, denn auf deinen Speiseplan kommt nur das, was gesund ist und sich auch in deine Low-Carb-Ernährung einfügt.

RICHTIG „MEAL PREPPEN"

Um die vorgekochten Gerichte und Mahlzeiten sicher verpacken zu können, benötigt man dafür auch geeignete Behälter. Von Plastik über Edelstahl oder Silikon – Optik und Material sind dabei eigentlich egal. Wichtig ist nur, dass alle Behälter und Boxen luftdicht verschließbar sind und nicht auslaufen können. Achte außerdem darauf, dass die Aufbewahrungsdosen und Einmachgläser komplett sauber sind und keine Rückstände enthalten. Die abgefüllten Gerichte können ansonsten schneller verderben.

DIE BASICS

Es lohnt sich, für alle vorzukochenden Mahlzeiten ein paar Grundvorräte mit längerer Haltbarkeit zu haben. Diverse Gewürze und Konserven, wie Bohnen, Oliven, Thunfisch, Artischocken, Tomaten etc., aber auch Linsen, Haferflocken, Nüsse und Samen sind ideal. Verschiedene Pflanzenöle, Essig, Senf, Sojasauce, Nussmus und Tomatenmark etc. runden deinen Vorrat ab.

RICHTIG AUFBEWAHREN

Wer nur einen kleinen Kühlschrank mit einem winzigen Eisfach hat, muss geschickt stapeln, um alles für eine ganze Woche unterzubringen. Denn die Mahlzeiten müssen sachgerecht – also gut gekühlt – gelagert werden, sonst verderben sie vorzeitig. Gerichte aus gekochten und gebratenen Zutaten sind in der Regel 3–4 Tage haltbar. Werden die Mahlzeiten länger aufbewahrt, leiden Frische, Geschmack und Nährstoffe darunter, die Gerichte müssen aber nicht zwangsläufig verdorben sein. Gerichte mit frischen Zutaten (wie Salate oder Fisch) sollten innerhalb von 1–2 Tagen aufgebraucht sein.

HALTBARKEIT VON LEBENSMITTELN

Lebensmittel und Mahlzeiten sind unterschiedlich lange haltbar. Hier findest du einen kleinen Überblick, wie lange und wo du etwas aufbewahren kannst:

Im Kühlschrank:

o gekochte und gebratene Mahlzeiten: 3–4 Tage

o Gerichte aus frischen Zutaten, wie Salate oder Fischgerichte: 1–2 Tage

Im Gefrierschrank:

o gekochte Gerichte, wie Suppen und Eintöpfe: etwa 3 Monate

o gekochte Fleischgerichte: etwa 3 Monate

o Fleisch: 6–12 Monate

o Fisch: 6–12 Monate

o Gemüse: 6–12 Monate

o Obst: etwa 3 Monate

ALLES EINE SACHE DER PLANUNG

Am besten überlegst du dir samstags, welche Gerichte du für die nächste Woche mit in die Arbeit oder Uni nehmen möchtest. Die Rezepte in diesem Buch dienen dir als Inspiration. Anschließend kannst du deinen Einkaufszettel für die Woche schreiben und alle benötigten Zutaten besorgen. Gewöhnlich reicht ein Einkauf pro Woche, das spart dir Zeit und Geld. Außerdem werden durch eine genaue Planung weniger Lebensmittel schlecht. Obst und Gemüse für zwischendurch kannst du auch ein- bis zweimal unter der Woche frisch besorgen. Mahlzeiten aus Zutaten, die nicht so lange haltbar sind, servierst du am Anfang der Woche. Gerichte, die länger haltbar sind, können auf dem Speiseplan bis zum Ende der Woche warten.

LET'S PREP

Sonntag ist der beste Tag, um für die Woche vorzukochen. Hier haben die meisten ausreichend Zeit, um zu schnippeln, zu kochen und einzupacken. In der Regel wirst du, besonders als Meal-Prep-Neuling, vermutlich 2–3 Stunden dafür benötigen. Aber: Je öfter du deine Mahlzeiten vorbereitest, desto erfahrener wirst du auch, da du mit der Zeit die Abläufe genau planen und somit auch zeitsparende Maßnahmen einführen kannst. Wenn du beispielsweise für mehrere Rezepte Tomaten benötigst, so schneidest du alle Tomaten auf einmal und füllst sie gleich für die einzelnen Gerichte in verschiedene Behälter. So musst du die identischen Arbeitsschritte nicht immer mehrmals wiederholen.

FRISCH VERPACKT

Zuletzt verteilst du die einzelnen Gerichte portionsweise auf die verschiedenen Boxen und Gefäße und verstaust sie anschließend im Kühlschrank oder im Gefrierfach. Dabei eignen sich alte Marmeladen- oder Einmachgläser besonders gut für Suppen, Eintöpfe, Porridge oder Salate.

Wusstest du ...

→ ..., dass in Deutschland im Jahr 2017 rund 280.000 Tonnen Abfall durch Einweg-produkte (Einweggeschirr und Verpackungen für to-Go bzw. Sofortverzehr) entstanden sind?

→ ..., dass ungefähr 77.500 Tonnen davon aus z.T. nicht recycelbaren Kunststoff-materialien bestehen? Übrigens hat die Menge der Kunststoffabfälle zwischen 1994 und 2017 um ganze 72% zugenommen!

→ ..., dass unter diesem hohen Müllaufkommen, nicht nur in Deutschland, unsere Meere darunter leiden? Laut Studien gelangen nämlich Jahr für Jahr bis zu 13 Millionen Tonnen Plastikmüll im Ozean.

→ ..., dass an der Nordsee auf 100 Metern durchschnittlich 389 Müllteile liegen?

All das spricht für uns Konsumenten und Verbraucher dafür, dauerhaft auf wiederverwendbare und vor allem BPA-freie Behälter zurückzugreifen. Die sind langfristig gesehen deutlich nachhaltiger.

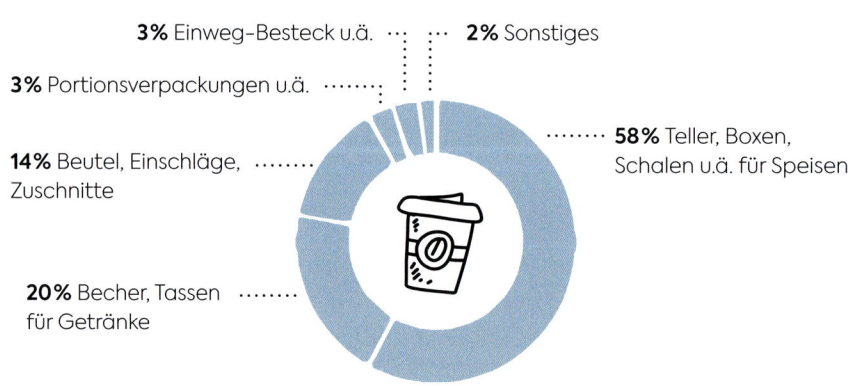

3% Einweg-Besteck u.ä.   **2%** Sonstiges

3% Portionsverpackungen u.ä.

14% Beutel, Einschläge, Zuschnitte

58% Teller, Boxen, Schalen u.ä. für Speisen

20% Becher, Tassen für Getränke

→ Einweggeschirr und Verpackungen für To-Go bzw. Sofortverzehr
281.186 Tonnen Abfall

More prep — less waste

Wie man sieht, wird im Alltag ganz schön viel (Verpackungs-)Müll produziert. Dabei ist es gar nicht so schwierig, auf diesem Gebiet etwas nachhaltiger unterwegs zu sein. Und wir sind auf einem guten Weg: Denn ab Juli 2021 sind bestimmte Einwegplastik-produkte in der EU verboten. Darunter fallen z.B. Einwegbesteck und -geschirr aus Plastik, Trinkhalme, Rührstäbchen, Wattestäbchen und Luftballonstäbe aus Kunststoff sowie To-go-Getränkebecher, Fast-Food-Verpackungen und Wegwerf-Essenbehälter aus expandiertem Polystyrol (bekannt als Styropor) nicht mehr produziert werden.

⟹ Wir selbst können für mehr Plastikfreiheit und Müllreduktion beitragen, indem wir bewusst darauf achten, auch beim Meal Prep so wenig Müll wie möglich zu produzieren:

⟹ Verzichte bereits beim Einkauf so gut es geht auf Produkte in Plastikverpackungen. Auf S. 7 erfährst du, wie deine Lebensmittel dann richtig aufbewahren und lagern kannst.

⟹ Durch gut geplantes Meal Prep kannst du alle Lebensmittel, die du zubereitest und vorkochst, komplett verbrauchen. So reduzierst du Lebensmittelverschwendung!

⟹ Verwende für deine Meal Prep-Gerichte in jedem Fall wiederverwendbare Transportboxen und verzichte gezielt auf den Einsatz von Frischhalte- oder Aluminiumfolie. Mittlerweile gibt es tolle Behälter, die deine Speisen sowohl warm, als auch kalt halten!

Beerige Smoothiebowl

ZUTATEN
Für 2 Portionen

o 2 Bananen

o 1 EL Chia-Samen

o 300 g Beerenmix, tiefgekühlt

o 300 ml Mandeldrink

o ½ Limette

o 1 EL Honig

Für das Topping

o Quinoa-Pops

o Chia-Samen

o Kakao-Nibs

o Beerenmix

10 Min.

ZUBEREITUNG

1. Die in Stücke geschnittenen Bananen sowie die Chia-Samen in einen Barmixer (Blender) geben. Zusammen mit dem Beerenmix und dem Mandeldrink fein pürieren.

2. Zum Schluss nur noch mit etwas Limettensaft und etwas Honig abschmecken.

3. In eine Schale füllen und vor dem Verzehr mit reichlich Topping nach Belieben bestreuen.

TIPP
Anstatt Mandeldrink kannst du auch jede andere pflanzliche Milch deiner Wahl verwenden.

Knuspermüsli mit Obstsalat

ZUTATEN
Für 2 Portionen

Für das Knuspermüsli

- o 80g kernige Haferflocken
- o je 40g Quinoa und Mandelstifte
- o 20g Sonnenblumenkerne
- o 20g Kürbiskerne
- o 2EL Rapsöl
- o 60g Honig

Für die Mandelcreme

- o 100g Mandeln
- o 60g Cashewkerne
- o 200ml Mandeldrink
- o 1EL Honig
- o ½ Vanilleschote

Für den Obstsalat

- o Obst und Beeren nach Saison
- o 1 Bio-Limette

45 Min.
+ 4 Std. Ziehzeit

ZUBEREITUNG

1. Für das Knuspermüsli den Backofen auf 160 °C Umluft vorheizen.

2. Die kernigen Haferflocken, Quinoa, Mandelstifte, Sonnenblumenkerne und Kürbiskerne miteinander mischen.

3. Das Rapsöl zusammen mit dem Honig verrühren. Diese Marinade gut mit der Haferflockenmischung vermengen und anschließend flach auf einem mit Backpapier ausgelegten Blech verteilen und etwa 30 Minuten goldgelb backen; dabei alle 10 Minuten wenden. Anschließend das Müsli auf dem Blech auskühlen lassen und grob zerbröseln.

4. Die Mandeln und Cashewkerne mit Wasser bedecken und mindestens 4 Stunden einweichen lassen. Anschließend das Wasser abgießen und die Nüsse zusammen mit dem Mandeldrink, dem Honig und dem Mark der Vanilleschote zu einer glatten Creme pürieren.

5. Für den Obstsalat beliebiges Obst in mundgerechte Stücke schneiden und mit dem Abrieb sowie dem Saft der Limette marinieren.

6. Den Obstsalat mit der Mandelcreme und dem Granola schichten, pur genießen oder mit etwas Mandeldrink aufgießen.

Power-Mandel-Muffins

ZUTATEN
Für ca. 10 Stück

o 150g Dinkel-Vollkornmehl

o 100g Mandelgrieß

o 120g Rohrohrzucker

o 2TL Reinweinstein-Backpulver

o 1TL Zimtpulver

o 3 Eier

o 60g Apfelmus

o 80g Rapsöl

o 1 Bio-Orange

o 1 Möhre

o 1 Apfel

o 1EL Cranberrys

o 1EL Sonnenblumenkerne

o 1EL Kürbiskerne

o 1EL Mandelstifte

---

30 Min.

ZUBEREITUNG

1. Zuerst das Vollkornmehl mit Mandelgrieß, Zucker, Backpulver und Zimt vermischen.

2. Die Eier verquirlen, Apfelmus und geschmolzenes Rapsöl dazugeben und dann den Abrieb und Saft der Orange unterrühren. Anschließend alles gut mit dem Mehl verrühren, ohne dass Klümpchen entstehen.

3. Die Möhre schälen und ebenso wie den Apfel grob reiben. Zusammen mit Cranberrys, Sonnenblumenkernen, Kürbiskernen und den Mandelstiften vermengen und unter den Teig heben.

4. Den Teig in gefettete oder mit Papier ausgelegte Muffin-Förmchen füllen und bei 180 °C Ober-/Unterhitze etwa 15–20 Minuten goldgelb backen. Dann 5 Minuten abkühlen lassen. Ein ideales Frühstück für unterwegs!

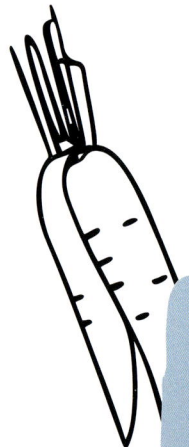

TIPP

Die Power-Muffins bleiben bei Raumtemperatur und luftdicht verschlossen mehrere Tage frisch.

Kleine Joghurt-Obstkiste

ZUTATEN
Für 2 Portionen

Für die Obstkiste

o 500 g Obst nach Saison, z.B. Äpfel, Birnen, Aprikosen, Kiwi, Pampelmuse, Weintrauben, Mango, Physalis

o 1 Handvoll Granatapfelkerne

o 1 Handvoll Basilikum

o 1 Orange

o 2 EL Honig

Für den Matcha-Joghurt

o 150 g griechischer Joghurt

o 1 Bio-Limette

o 1 TL Honig

o 1–2 TL Matcha

o 1 Handvoll Mandelkerne, geröstet

10 Min.

ZUBEREITUNG

1. Das Obst je nach Sorte und Frucht waschen, schälen und in kleine Stücke schneiden. Mit den Granatapfelkernen und fein geschnittenem Basilikum vermischen. Mit dem Saft der Orange und dem Honig marinieren.

2. Den griechischen Joghurt mit etwas Abrieb und Saft der Limette sowie ein wenig Honig cremig rühren. Je nach gewünschter Intensität 1–2 TL Matcha einrühren. Zum Schluss mit Mandelkernen verfeinern.

Dreierlei Super-Smoothies

ZUTATEN
Für je 2 Portionen

Roter Smoothie

o 100g Rote Bete

o 250g Himbeeren, tiefgekühlt

o 1 Banane

o 1 Apfel

o 1 TL geriebener Ingwer

o 300ml Mandeldrink

o 1 Zitrone

Gelber Smoothie

o 1 Mango

o 1 Apfel

o 1 Banane

o 1 Orange

o 1 Zitrone

o 1 TL Kurkuma

o 300ml Mandeldrink

Grüner Smoothie

o 1 Apfel

o 1 Handvoll Spinat

o 1 Banane

o 1 Limette

o 1 Birne

o 8 Blätter Minze

o 500ml Mandeldrink

o 2 EL Joghurt

---

5 Min.

ZUBEREITUNG

1. Für die Smoothies das Gemüse und Obst küchenfertig vorbereiten, klein schneiden und in einem Hochleistungsmixer alle Zutaten miteinander fein pürieren.

TIPP

Nach Belieben können die Smoothies mit Honig oder Agavendicksaft nachgesüßt werden.

Mascarpone-Crème mit Heidelbeeren

ZUTATEN
Für 2 Portionen

o 3–4 EL Zitronensaft

o 100 g Heidelbeeren

o 160 g Mascarpone

o 160 g Joghurt

o 1 EL Honig

---

10 Min.

ZUBEREITUNG

1. Den Saft der Zitrone auspressen. Die Heidelbeeren verlesen, vorsichtig waschen und mit Küchenpapier trocken tupfen.

2. Zwei Drittel der Beeren mit Mascarpone, Joghurt, Honig und Zitronensaft in eine Schüssel geben und alles mit einem Pürierstab cremig pürieren.

3. Die Creme in zwei Schraubgläser füllen und mit den restlichen Heidelbeeren garnieren. Entweder im Kühlschrank aufbewahren oder sofort genießen.

Bircher-Porridge mit Nüssen

ZUTATEN
Für 2 Portionen

Für das Bircher-Porridge

o 100 g kernige Haferflocken

o 1 EL Leinsamen, geschrotet

o 30 g Kürbiskerne

o 40 g Haselnusskerne

o je 1 Apfel und Birne

o 1 Bio-Limette

o 1 TL Zimtpulver

o 1–2 EL Honig, nach Belieben

o 300 ml Mandeldrink,
   ungesüßt

Für das Topping

o Obst und Beeren

o Kürbiskerne

10 Min.
+ mind. 6 Std. Ziehzeit

ZUBEREITUNG

1. Die kernigen Haferflocken am Vortag mit den Leinsamen und den Kürbiskernen vermischen. Die Haselnüsse grob hacken und dazugeben.

2. Den Apfel und die Birne grob raspeln und mit dem Abrieb und dem Saft einer Limette marinieren. Die Raspeln zu den Haferflocken geben, mit Zimt verfeinern und mit etwas Honig abschmecken. Zum Schluss mit dem Mandeldrink aufgießen und über Nacht im Kühlschrank ziehen lassen.

3. Nach Belieben „on top" mit frischem Obst, Beeren und Kürbiskernen verfeinern.

TIPP

Wer mag, kann das Porridge auch mit normaler Milch oder einer Alternative nach Wahl zubereiten.

Chia-Pudding-Bowl

ZUTATEN

Für 2 Portionen

o 125g Himbeeren

o ⅓ Vanilleschote

o 350ml Mandeldrink

o 4EL Chia-Samen

o 125g Brom- oder Heidel-
   beeren

o 3EL Mandelblättchen

o 2EL Kokoschips

o 2EL Honig

---

15 Min.
+ mind. 6 Std. Ziehzeit

ZUBEREITUNG

1. 100g Himbeeren vorsichtig waschen. Vanilleschote längs halbieren, das Mark herauskratzen. Himbeeren und Vanille-mark mit dem Mandeldrink pürieren und in ein verschließbares Glas geben.

2. Chia-Samen zugeben und gründlich unterrühren. Nach etwa 10–20 Minuten nochmals gut durchrühren, damit die Samen nicht zusammenklumpen. Das Glas verschließen und die Sa-men über Nacht im Kühlschrank quellen lassen.

3. Am nächsten Tag die übrigen Himbeeren und Brom- oder Heidelbeeren vorsichtig waschen und trocken tupfen. Mandel-blättchen in einer Pfanne ohne Fett rösten, bis sie hell bräunen, dann herausnehmen und abkühlen lassen. Chia-Pudding in Schalen füllen, Beeren, Mandelblättchen und Kokoschips darauf verteilen. Mit Honig süßen.

TIPP

Wer eine vegane Variante möchte, kann die Bowl auch mit Agavendicksaft anstatt Honig süßen.

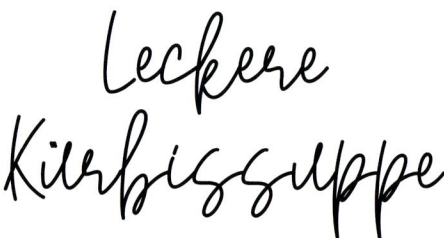

Leckere Kürbissuppe

ZUTATEN
Für 2 Portionen

- o 250 g Kürbis, z.B. Hokkaido
- o 1 Speisezwiebel
- o 1 Knoblauchzehe
- o 1 EL Rapsöl
- o 200 ml Gemüsebrühe
- o 200 ml Kokosmilch
- o 1 Lorbeerblatt
- o 1 Bio-Orange
- o Salz, Pfeffer

Zum Servieren

- o natives Kürbiskernöl
- o gepuffter Amarant
- o etwas Lauchzwiebel

30 Min.

ZUBEREITUNG

1. Den Kürbis halbieren, entkernen und grob würfeln. Die Zwiebel und den Knoblauch schälen und fein würfeln. Zusammen im Rapsöl glasig dünsten.

2. Mit der Gemüsebrühe und der Kokosmilch ablöschen, die Gewürze dazugeben und in 20 Minuten weich kochen. Anschließend die Gewürze wieder herausnehmen und die Suppe fein pürieren. Mit dem Abrieb und dem Saft der Orange verfeinern und mit etwas Salz und Pfeffer abschmecken.

3. Zum Servieren mit etwas Kürbiskernöl beträufeln, mit Amarant und geschnittener Lauchzwiebel bestreuen.

Frische Sommersuppe mit Dill

ZUTATEN
Für 2 Portionen

- o 2 Eier
- o 300g Kartoffeln, festkochend
- o 200g Salatgurke
- o 200g Radieschen, ohne Grün
- o 4 Stangen Frühlingslauch
- o 1 Handvoll frischer Dill
- o 2EL Olivenöl
- o 1 Limette
- o 1TL grober Bio-Senf
- o Salz, Pfeffer

Zum Servieren
- o 350ml Kefir
- o 150ml Mineralwasser

30 Min.

ZUBEREITUNG

1. Zuerst die Eier in 9 Minuten hart und die Kartoffeln in Salzwasser etwa 20 Minuten gar kochen. Anschließend abkühlen lassen und in Scheiben schneiden.

2. In der Zwischenzeit die Gurke und die Radieschen sowie den Frühlingslauch in feine Scheiben schneiden.

3. Den Dill fein hacken und mit dem Olivenöl, dem Saft der Limette und dem Senf verrühren. Ordentlich mit Salz und Pfeffer würzen.

4. Alles vermengen und in Gläser füllen.

5. Den Kefir mit sprudelndem Mineralwasser verrühren und vor dem Servieren das Gemüse damit aufgießen.

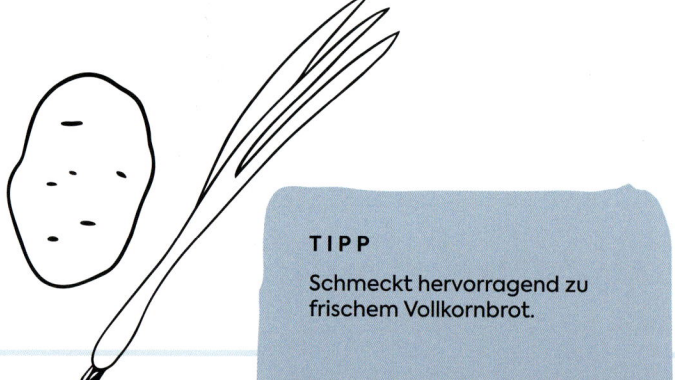

TIPP
Schmeckt hervorragend zu frischem Vollkornbrot.

Mediterraner Quinoa-Salat

ZUTATEN
Für 2 Portionen

Für den Quinoa-Salat

o 100g Quinoa

o 2 Tomaten

o 1 rote Paprika

o 1 rote Zwiebel

o ½ Salatgurke

o 1 Handvoll Oliven, in Scheiben

o 100g Fetakäse

o 1 Handvoll Petersilie

Für das Dressing

o 6 EL Olivenöl

o 1 Bio-Zitrone

o 1 TL Honig

o 1 Knoblauchzehe

o Salz, Pfeffer

---

25 Min.

ZUBEREITUNG

1. Die Quinoa kalt abspülen und in 200 ml Wasser zugedeckt etwa 15 Minuten bei kleiner Hitze gar kochen. Anschließend abkühlen lassen.

2. In der Zwischenzeit die Tomaten vierteln und entkernen. Die Paprika halbieren und ebenfalls entkernen. Die Zwiebel schälen und alles zusammen – ebenso wie die Salatgurke – in feine Würfel schneiden. Zum Schluss das Gemüse mit der Quinoa und den Oliven vermischen. Den Feta zerbröseln und zusammen mit fein gehackter Petersilie mit dem Salat vermischen.

3. Für das Dressing das Olivenöl mit dem Abrieb und Saft der Zitrone sowie dem Honig verrühren. Die Knoblauchzehe schälen und sehr fein hacken, zum Dressing geben und mit Salz und Pfeffer abschmecken.

4. Den Salat mit dem Dressing marinieren und genießen.

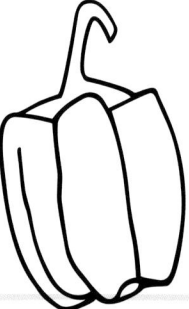

Misosuppe mit Gemüse

ZUTATEN
Für 2 Portionen

Für die Misosuppe

o 2 EL rote Misopaste (Hatcho Miso)

o 1 Bio-Limette

o 2 EL Sojasauce

o 2 TL Sesamöl

o ½ Chilischote

o 2 TL Ingwerabrieb

o ½ TL Salz

Für die Einlage

o je ½ rote Zwiebel und rote Paprika

o ½ Chinakohl

o 1 kleine Möhre

o 50 g Zuckerschoten

o 50 g Shiitake-Pilze

Sonstiges

o je 1 EL Sesamsamen

o 1 Handvoll Basilikum

15 Min.
+ 5–8 Min. Ziehzeit

ZUBEREITUNG

1. Zu Beginn die rote Misopaste mit dem Saft der Limette, der Sojasauce, Sesamöl, feingehackter Chilischote, dem Ingwerabrieb und dem Salz verrühren. Die Creme in ein hitzestabiles Glas geben.

2. Für die Einlage die Zwiebel in feine Streifen schneiden. Das Gemüse putzen, waschen, entkernen und alles in sehr feine Streifen schneiden. Die Pilze in dünne Scheiben schneiden. Alles zusammen im Glas oder in einer Schüssel schichten.

3. Zum Schluss mit etwas Sesam und frischem Basilikum bestreuen.

4. Zum Zubereiten mit 300–400 ml kochendem Wasser übergießen und 5–8 Minuten ziehen lassen, zwischendurch umrühren.

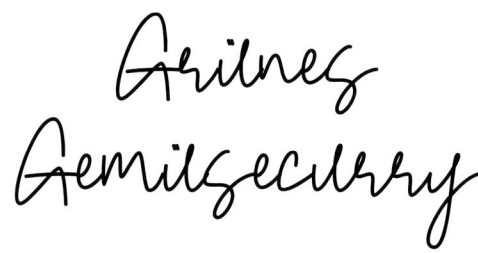

Grünes Gemüsecurry

ZUTATEN
Für 2 Portionen

- o 200g Champignons
- o 100g grüne Bohnen
- o 100g Zuckerschoten
- o 2 EL Rapsöl
- o 200ml Gemüsebrühe oder Wasser
- o 300ml Kokosmilch
- o 2 EL Currypaste
- o Salz, Pfeffer
- o 1 Handvoll Cashewkerne, geröstet
- o 1 Handvoll Basilikum und Koriandergrün

15 Min.

ZUBEREITUNG

1. Die Champignons, die grünen Bohnen und die Zuckerschoten in mundgerechte Stücke schneiden. Die Pilze in dem Rapsöl scharf anbraten und mit der Gemüsebrühe sowie der Kokosmilch aufgießen. Bei kleiner Hitze etwa 5 Minuten köcheln lassen, dann die Bohnen zugeben und alles weitere 5 Minuten leicht köcheln lassen.

2. Zum Schluss die Zuckerschoten sowie die Currypaste zugeben, einmal aufkochen lassen und mit Salz und Pfeffer abschmecken.

3. Das Curry mit gerösteten Cashewkernen und frisch gehacktem Basilikum und Koriandergrün verfeinern.

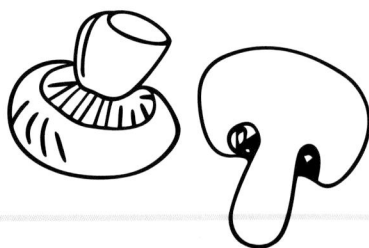

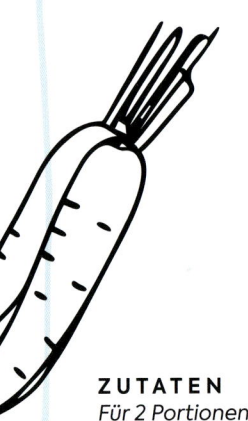

Kartoffelsalat mit Ei

ZUTATEN
Für 2 Portionen

Für den Salat

- o 300g kleine Kartoffeln
- o Salz
- o 1TL Kümmel
- o 200g Möhren
- o 100g Brokkoli
- o 100g Staudensellerie
- o 1 rote Zwiebel
- o 3 Stangen Frühlingslauch
- o 1 Handvoll Petersilie

Für das Senfdressing

- o 5EL Olivenöl
- o 2EL Apfelessig
- o ½ Bio-Orange
- o 2TL Bio-Senf
- o 1TL Honig
- o Salz, Pfeffer

Sonstiges

- o 2 Eier

30 Min.
+ 15 Min. Ziehzeit

ZUBEREITUNG

1. Zu Beginn die Kartoffeln in reichlich Salzwasser mit dem Kümmel etwa 20 Minuten gar kochen. Abgießen, gut abkühlen lassen und je nach Größe halbieren oder vierteln.

2. In der Zwischenzeit das Gemüse waschen, die Möhre und die Zwiebel schälen und alles in mundgerechte Stücke schneiden. In einem Topf Salzwasser aufsetzen und das Gemüse nach und nach bissfest blanchieren.

3. Anschließend das Gemüse mit fein geschnittenem Frühlingslauch, gehackter Petersilie und den Kartoffeln vermischen.

4. Für das Dressing das Olivenöl mit dem Apfelessig, etwas Abrieb und Saft der Orange, Senf und Honig verrühren und kräftig mit Salz und Pfeffer abschmecken.

5. Den Gemüsesalat mit dem Senfdressing marinieren und etwa 15 Minuten ziehen lassen.

6. Zum Schluss die Eier in köchelndem Wasser 5–6 Minuten wachsweich garen, herausnehmen und abkühlen lassen. Anschließend pellen und mit dem Salat servieren.

Zucchinisalat

ZUTATEN
Für 2 Portionen

Für den Zucchinisalat

o 300 g Zucchini, grün und gelb

o 3 EL Haselnusskerne

o 3 EL Kürbiskernöl

o 1 Bio-Orange

o 1 TL Honig

o Salz, Pfeffer

Sonstiges

o 100 g Fetakäse

o 1 Handvoll Minze

---

15 Min.

ZUBEREITUNG

1. Die Zucchini waschen und die Enden abschneiden. Mit einem Spiralschneider die Zucchini zu Spaghetti schneiden.

2. Die Haselnüsse in einer Pfanne ohne Öl anrösten und abkühlen lassen, anschließend grob hacken und mit der Zucchini vermengen.

3. Den Salat mit dem Kürbiskernöl, etwas Abrieb und Saft der Orange sowie dem Honig vermengen. Mit Salz und Pfeffer abschmecken.

4. Den Feta fein zerbröseln und kurz vor dem Essen zusammen mit fein geschnittener Minze zum Salat geben.

Erbsen-Daal

ZUTATEN
Für 2 Portionen

Für das Daal

- o 1 Speisezwiebel
- o 1 Knoblauchzehe
- o 1 Chilischote
- o 100 g Tomaten
- o ½ EL Senfkörner
- o 1 TL Kreuzkümmel
- o 2 EL Rapsöl
- o 1 TL Kurkuma
- o 200 g rote Linsen
- o 300 ml Kokosmilch
- o 100 g Erbsen, tiefgekühlt
- o 1 TL frischer Ingwer
- o 1 Bio-Limette
- o Salz, Pfeffer

Sonstiges

- o 1 Handvoll Koriandergrün
- o 1 Handvoll Mandelkerne, geröstet

40 Min.

ZUBEREITUNG

1. Zuerst die geschälte Zwiebel und Knoblauchzehe sowie die Chilischote fein würfeln. Die Tomaten grob würfeln und beiseitestellen. Die Senfkörner und den Kreuzkümmel im Mörser zerstoßen.

2. Die Zwiebelwürfel mit dem Knoblauch und den zerstoßenen Gewürzen in dem Rapsöl glasig andünsten. Kurkuma und Linsen zugeben, kurz mitrösten und die Tomatenwürfel zugeben. Mit 300 ml Wasser und der Kokosmilch aufgießen und etwa 25 Minuten bei kleiner Hitze schön sämig kochen.

3. Anschließend die Erbsen zugeben und weitere 5 Minuten köcheln lassen. Mit frisch geriebenem Ingwer, Abrieb und Saft der Limette verfeinern und mit Salz und Pfeffer abschmecken.

4. Vor dem Servieren mit gehacktem Koriandergrün und gerösteten Mandelkernen bestreuen.

Grüne Asia-Bowl

ZUTATEN
Für 2 Portionen

- o 50 g Reisbandnudeln
- o 100 g grüner Spargel
- o 150 g Pak Choi
- o 1 Handvoll Schnittlauchblüten
- o 10 g Ingwer
- o 350 ml kochendes Wasser
- o 2 EL Limettensaft
- o 2 EL Misopaste
- o 2 EL Sojasauce

---

20 Min.
+ 5 Min. Ziehzeit

ZUBEREITUNG

1. Die Nudeln in kochendem Salzwasser 10 Minuten bissfest garen, abgießen und zur Seite stellen.

2. Spargel, Pak Choi und Schnittlauchblüten waschen und in dünne Streifen bzw. klein schneiden. Den Ingwer schälen und fein reiben.

3. Die Nudeln und die vorbereiteten Zutaten in eine große Schüssel geben, mit kochendem Wasser aufgießen und abgedeckt für etwa 5 Minuten ziehen lassen. Zum Schluss mit Limettensaft, Misopaste und Sojasauce abschmecken.

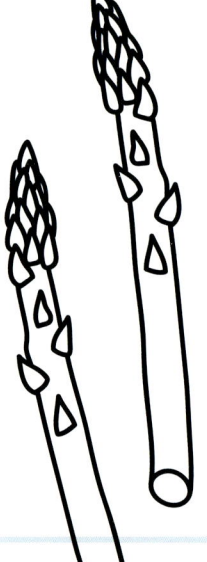

TIPP

Wer möchte, kann seine Asia-Bowl mit gewürfelter roter Paprika etwas „bunter" gestalten.

Sandwich mit Erdnussmus

ZUTATEN
Für 2 Portionen

Für den Kürbisstampf
- o 400g Hokkaido-Kürbis
- o 2EL Rapsöl
- o 40g Vollrohrzucker
- o 2 Bio-Orangen
- o 3EL Apfelessig
- o ½ Vanilleschote
- o Salz

Sonstiges
- o 8 Scheiben Vollkorn-Butter-Dinkeltoastbrot
- o Erdnussmus
- o Kürbiskerne

35 Min.

ZUBEREITUNG

1. Den Kürbis halbieren, entkernen und in feine Würfel schneiden. Dann die Kürbiswürfel in dem Rapsöl bei mittlerer Hitze andünsten. Den Vollrohrzucker zugeben und langsam karamellisieren lassen.

2. Mit dem frisch gepressten Orangensaft und dem Apfelessig ablöschen. Das Mark der Vanilleschote zugeben und alles etwa 20 Minuten bei kleiner Hitze weich köcheln.

3. Anschließend alles mit der Gabel oder einem Kartoffelstampfer zu grobem Püree pressen. Zum Schluss mit 1 Prise Salz verfeinern.

4. Für das Sandwich das Toastbrot anrösten oder toasten, die untere Hälfte mit Erdnussmus bestreichen und nach Belieben mit dem Kürbisstampf sowie einigen Kürbiskernen belegen. Mit einer weiteren Scheibe Toastbrot abschließen.

Fruchtiger Garnelensalat

ZUTATEN
Für 2 Portionen

- o 400g reife Papaya
- o 150g Kirschtomaten
- o 1 rote Zwiebel
- o 1 Kopf Romanasalat
- o 1 Handvoll Petersilie
- o 6 Garnelen
- o ½ Bio-Limette
- o 1EL Olivenöl
- o Salz

Für das Dressing

- o 2EL Papayasamen mit etwas Fruchtfleisch
- o 3EL Olivenöl
- o 1 Bio-Limette
- o je 1TL Honig und Fischsauce
- o ½ Pfefferschote
- o Salz, Pfeffer

25 Min.

ZUBEREITUNG

1. Zuerst die Papaya halbieren, entkernen und schälen. 2EL Samen für das Dressing behalten. Das Fruchtfleisch in gleichmäßige Würfel schneiden.

2. Die Kirschtomaten halbieren und die rote Zwiebel in feine Streifen schneiden. Den Romanasalat in mundgerechte Stücke zupfen und alle Zutaten mit fein gehackter Petersilie vermengen.

3. Für das Dressing die Papayasamen mit dem Olivenöl, etwas Abrieb und Saft einer Limette sowie dem Honig, der Fischsauce und der Pfefferschote fein pürieren. Zum Schluss mit Salz und Pfeffer abschmecken und den Salat damit marinieren.

4. Die Garnelen aus der Schale lösen und den Darm mithilfe eines kleinen Messers vorsichtig entfernen. In etwas Olivenöl etwa 2 Minuten pro Seite glasig braten und mit etwas Salz und einem Spritzer Limettensaft abschmecken.

5. Den Salat in den gewünschten Behälter füllen und die Garnelen „on top" geben.

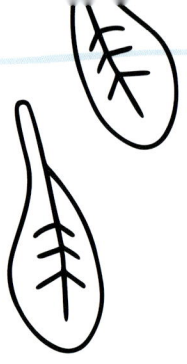

Mini-Lachs-Frittatas

ZUTATEN
Für 2 Portionen

o 4 Eier

o 2 EL Milch

o Salz, Pfeffer

o Muskatnuss

o 200 g Lachsfilet, entgrätet
  und ohne Haut

o 1 EL Butter

o 125 g Babyspinat

---

30 Min.

ZUBEREITUNG

1. Den Backofen auf 160 °C Umluft (180 °C Ober-/Unterhitze) vorheizen.

2. Die Eier mit der Milch verquirlen und kräftig mit Salz, Pfeffer und frisch geriebener Muskatnuss würzen.

3. Das Lachsfilet mit kaltem Wasser abbrausen, trocken tupfen und in kleine Würfel schneiden. Ein Muffinblech mit Butter ausfetten. Den Babyspinat zusammen mit den Lachswürfeln in den Förmchen verteilen. Das Muffinblech gleichmäßig mit dem verquirlten Ei auffüllen.

4. Anschließend die Frittatas etwa 15 Minuten im Ofen stocken und leicht abkühlen lassen. In Papierförmchen servieren.

TIPP

Die Frittatas eignen sich prima für die Restewertung. Wer also noch Pilze, Schinken oder Käse übrig hat, kann sie zusätzlich noch hinzufügen.

Fish & Chips

ZUTATEN
Für 2 Portionen

Für die Süßkartoffeln

- o 2 Süßkartoffeln
- o 1 EL Speisestärke
- o Salz, Pfeffer
- o 4 EL Rapsöl

Für den Seelachs

- o 250 g Seelachs, entgrätet und ohne Haut
- o 2 Eier
- o ½ Bio-Limette
- o 2 TL Currypulver
- o 2 EL Dinkel-Vollkornmehl
- o 2 EL blütenzarte Haferflocken
- o Dinkel-Vollkornmehl zum Wenden
- o Salz, Pfeffer
- o Olivenöl zum Ausbacken

Für die Honig-Senf-Sauce

- o 100 g Crème fraîche
- o 2 EL Bio-Senf
- o 1 EL Honig
- o Salz, Pfeffer

30 Min.

ZUBEREITUNG

1. Den Backofen auf 200 °C Umluft (220 °C Ober-/Unterhitze) vorheizen.

2. Die Süßkartoffeln waschen, trocken tupfen und in 1 cm breite Stifte schneiden. Die Süßkartoffelstifte in der Speisestärke wenden, mit Salz und Pfeffer würzen. Das Rapsöl erwärmen und über die Süßkartoffel geben. Im Ofen 15–20 Minuten knusprig backen.

3. Den Seelachs mit kaltem Wasser abbrausen, trocken tupfen und in kleine Stücke schneiden. Die Eier mit etwas Limetten-abrieb und -saft sowie dem Currypulver verquirlen. Mit dem Dinkel-Vollkornmehl und den Haferflocken zu einem zähflüssigen Teig verrühren, mit Salz und Pfeffer kräftig würzen.

4. Den Seelachs rundum in Dinkel-Vollkornmehl wenden und durch den Ausbackteig ziehen. Den Seelachs bei mittlerer Hitze in Olivenöl 2–3 Minuten pro Seite goldgelb braten.

5. Zum Schluss alle Zutaten für die Honig-Senf-Sauce verrühren und mit Salz und Pfeffer abschmecken.

6. Die Süßkartoffel-Pommes zusammen mit dem gebackenem Seelachs und der Honig-Senf-Sauce genießen.

Veggie-Frikadellen mit Bergkäse

ZUTATEN
Für 2 Portionen

- 1 Speisezwiebel
- 1 Knoblauchzehe
- 1 EL Butter
- 1 TL Paprikapulver
- 125 ml Milch
- 125 g Haferflocken
- 1 TL Bio-Senf
- 60 g würziger Bergkäse
- 1 Handvoll Petersilie
- 1 Ei
- Salz, Pfeffer
- Olivenöl zum Ausbacken

Sonstiges

- Bio-Senf
- Radieschen

30 Min.
+ 15 Min. Ziehzeit

ZUBEREITUNG

1. Zwiebel und Knoblauchzehe schälen, fein würfeln und in der Butter glasig dünsten. Das Paprikapulver zugeben und kurz mit anrösten. Mit der Milch auffüllen, leicht erwärmen und vom Herd nehmen.

2. Die Haferflocken sowie den Senf in die Milch geben und 15 Minuten quellen lassen.

3. In der Zwischenzeit den Bergkäse fein reiben und die Petersilie fein hacken. Anschließend den Käse, die Petersilie und das Ei mit den Haferflocken vermengen. Mit Salz und Pfeffer abschmecken.

4. Olivenöl in einer Pfanne erhitzen. Mithilfe eines Eisportionierers die Frikadellen in die Pfanne geben und etwas flach drücken. Die Frikadellen etwa 4 Minuten von jeder Seite goldgelb anbraten.

5. Zusammen mit etwas Senf und Radieschen genießen. Die vegetarischen Frikadellen schmecken warm oder auch kalt.

Spinatwaffeln

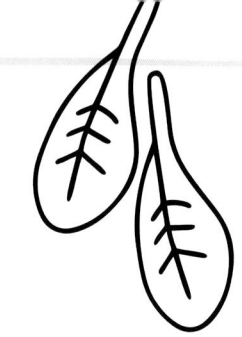

ZUTATEN
Für ca. 6–8 Waffeln

- o 80g Spinat
- o ½ Knoblauchzehe
- o 125ml Milch, gerne auch Mandeldrink
- o 1EL Olivenöl
- o 1 Ei
- o ½TL Backpulver
- o 100–125g Dinkel-Vollkornmehl
- o 1 Spritzer Zitronensaft
- o Salz, Pfeffer
- o Muskatnuss

Sonstiges

- o 1 Tomate
- o 200g griechischer Joghurt
- o Kresse

20 Min.

ZUBEREITUNG

1. Den Spinat waschen und trocken schleudern. Zusammen mit der geschälten Knoblauchzehe, der Milch und dem Olivenöl gut pürieren. Das Ei verquirlen und dazugeben.

2. Anschließend das Backpulver mit 100g Vollkornmehl vermischen und mit der Spinatmilch verrühren. Bei Bedarf etwas mehr Mehl zugeben, sodass ein zähflüssiger Teig entsteht. Mit 1 Spritzer Zitronensaft, Salz, Pfeffer und frischer Muskatnuss abschmecken.

3. Den Teig etwa 10 Minuten ruhen lassen und danach im Waffeleisen ausbacken.

4. Die Spinatwaffeln mit Tomatenscheiben, dem Joghurt und etwas Kresse garnieren.

Gemüsekiste mit Quark

ZUTATEN
Für 2 Portionen

Für die Gemüsekiste

o 500g Gemüse, z.B. Möhre, Staudensellerie, Paprika, Radieschen, Kohlrabi, Strauchtomaten

Für den Schafskäse-Quark

o 100g Schafskäse

o 150g Quark

o 1EL Olivenöl

o 2 Stangen Frühlingslauch

o ½ Knoblauchzehe

o 1 Handvoll Petersilie

o 1–2EL Milch oder Wasser

o Salz, Pfeffer

10 Min.

ZUBEREITUNG

1. Das Gemüse gut waschen und schälen. Bei dem Staudensellerie die Fäden ziehen. Anschließend alles in feine Stifte schneiden.

2. Den Schafskäse fein zerbröseln und zusammen mit dem Quark und dem Olivenöl verrühren. Den Frühlingslauch sowie den geschälten Knoblauch in feine Scheiben schneiden und zusammen mit den Kräutern zu dem Quark geben. Alles zusammen fein pürieren und nach Belieben mit etwas Milch oder Wasser cremig rühren. Zum Schluss nur noch mit Salz und Pfeffer abschmecken.

Rote-Bete-Sandwich mit Ziegenfrischkäse

ZUTATEN
Für 2 Portionen

- 250 g Rote Bete
- 1 Apfel
- 1 EL natives Olivenöl Extra
- 2 Zweige Thymian
- 1 TL Honig
- 4 Scheiben Vollkornbrot
- 50 g Ziegenfrischkäse
- Salz, Pfeffer
- Endiviensalat
- Kresse

1 Std. 15 Min.

ZUBEREITUNG

1. Zu Beginn die Rote Bete schälen und in Alufolie eingewickelt im Backofen bei 200 °C Ober-/Unterhitze etwa 60 Minuten lang weich backen, anschließend auskühlen lassen und in dünne Scheiben hobeln.

2. Den Apfel vierteln, entkernen und in dünne Spalten schneiden. In dem Olivenöl kurz anbraten und mit Thymian und Honig verfeinern.

3. Das Vollkornbrot von beiden Seiten anrösten und mit dem Ziegenfrischkäse bestreichen. Mit Rote-Bete-Scheiben belegen und 1 Prise Salz und etwas Pfeffer darübergeben. Zum Schluss die Apfelspalten zugeben und mit Endiviensalat, etwas Gartenkresse sowie dem gerösteten Vollkornbrot abschließen.

TIPP

Am besten im selben Schwung einige Rote Beten mehr backen. Diese sind 1 Woche im Kühlschrank haltbar und lassen sich zu einer Creme oder Salat weiterverarbeiten.

Falafel-Box

ZUTATEN
Für 2 Portionen

Für die Falafel-Bällchen

o 200 g Kichererbsen, getrocknet

o 100 g Speisezwiebel

o 1 Knoblauchzehe

o 1 Handvoll Basilikum

o Salz, Pfeffer

o 1 TL Kreuzkümmel

o Olivenöl zum Braten

Für den Tomaten-Gurken-Salat

o 200 g Kirschtomaten

o 2 kleine Salatgurken

o 1 Pfefferschote

o 1 Handvoll Basilikum

o 4 EL Sesamöl

o ½ Zitrone

o Salz, Pfeffer

20 Min.
+ mind. 6 Std. Ziehzeit

ZUBEREITUNG

1. Die Kichererbsen über Nacht in reichlich Wasser einweichen, und dann gut abtropfen lassen. Die Zwiebel und die Knoblauchzehe schälen und grob hacken. Die Basilikumblätter von den Stielen zupfen. Alles zusammen im Mixer gut pürieren und mit Salz, Pfeffer sowie dem Kreuzkümmel abschmecken.

2. Nun gleichmäßige Bällchen formen – wer mag, nimmt einen Eisportionierer zu Hilfe – und in einer Pfanne bei mittlerer Hitze mit etwas Olivenöl von beiden Seiten goldgelb braten.

3. Für den Salat die Kirschtomaten halbieren, die Gurken mit einem Sparschäler längs in feine Scheiben schneiden. Die Pfefferschote sowie das Basilikum klein hacken und alles mit Sesamöl, etwas Zitronensaft, Salz und Pfeffer abschmecken.

TIPP

Zur Falafel-Box passt außerdem leckerer Hummus.

Power-Nuss-Riegel

ZUTATEN
Für ca. 8 Riegel

- 160g Nüsse, z.B. Mandeln, Cashewkerne, Pekannüsse, Pistazien, Kürbiskerne
- 100g getrocknete Früchte, z.B. Cranberrys, Kirschen, Physalis
- 60g Haferflocken
- 1EL Sesamsamen
- 1EL Chia-Samen
- 1EL Kokosöl
- 50g Honig
- 50g Rohrohrzucker

40 Min.

ZUBEREITUNG

1. Die Nüsse grob hacken und die getrockneten Früchte klein schneiden. Beides mit Haferflocken, Sesamsamen und Chia-Samen vermischen.

2. Das Kokosöl mit dem Honig erwärmen und den Rohrohrzucker unterrühren. Anschließend ordentlich mit der Nussmischung vermengen.

3. Den Backofen auf 160 °C Umluft vorheizen. Eine Auflaufform (ca. 18x18cm) mit Backpapier auslegen und die Nussmasse gleichmäßig darauf verteilen. Die zähe Masse mithilfe eines zweiten Backpapiers sehr fest in die Form drücken und etwa 30 Minuten goldgelb backen.

4. Noch lauwarm acht Power-Riegel daraus schneiden und komplett auskühlen lassen.

Meal-Prep-Wochenplan

WOCHENTAG	MAHLZEIT	REZEPT	VORBEREITUNGEN
Montag	Frühstück	Chia-Pudding	Die Bowl bis auf das Topping am Vorabend zubereiten und über Nacht ziehen lassen.
	Lunch	Kürbissuppe	Die Suppe am Vorabend zubereiten und das Topping vor Verzehr drübergeben.
	Snack für unterwegs	Riegel	Die Riegel am Vorabend backen. Luftdicht verschlossen sind sie mehrere Tage haltbar.
Dienstag	Frühstück	Bircher-Porridge	Das Porridge am Vorabend vorbereiten und über Nacht ziehen lassen.
	Lunch	Kartoffelsalat mit Ei	Am Vorabend die Kartoffeln und die Eier kochen, Gemüse schneiden und Dressing vorbereiten.
	Snack für unterwegs	Riegel	
Mittwoch	Frühstück	Power Muffins	Die Muffins am Vorabend oder in der Früh backen. Luftdicht verschlossen halten sie sich mehrere Tage.
	Lunch	Quinoa-Salat	Den Salat am Vorabend zubereiten und über Nacht ziehen lassen.
	Snack für unterwegs	Sandwich mit Erdnussmus	Den Stampf am Vorabend vorbereiten, das Sandwich verzehrfertig dann morgens zubereiten und mitnehmen.
Donnerstag	Frühstück	Power-Muffins	
	Lunch	Misosuppe	Am Vorabend das Gemüse schneiden. Entweder morgens aufgießen und bis zum Verzehr in Thermobehälter ziehen lassen, oder direkt mittags kurz vor dem Verzehr aufgießen.
	Snack für unterwegs	Riegel	
Freitag	Frühstück	Beerige Smoothie-bowl	Die Smoothiebowl am Vorabend vorbereiten und im Kühlschrank aufbewahren. Morgens vor dem Verzehr mit Topping versehen.
	Lunch	Grünes Curry	Das Curry am Vorabend zubereiten. Morgens mit Basilukum und Koriander verfeinern.
	Snack für unterwegs	Gemüsekiste mit Quark	Die Gemüsekiste bereits am Vorabend zubereiten und kalt stellen.

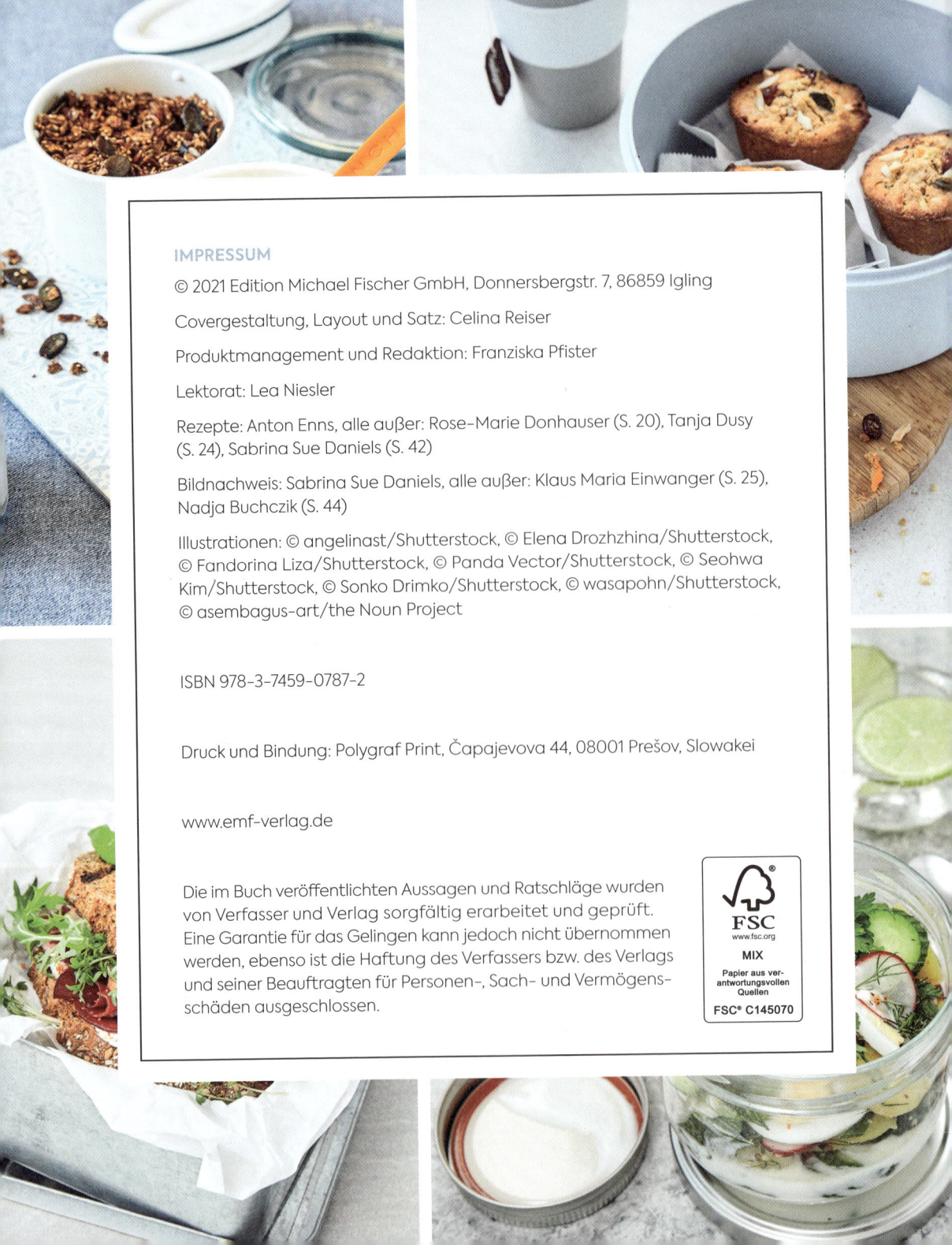

IMPRESSUM

© 2021 Edition Michael Fischer GmbH, Donnersbergstr. 7, 86859 Igling

Covergestaltung, Layout und Satz: Celina Reiser

Produktmanagement und Redaktion: Franziska Pfister

Lektorat: Lea Niesler

Rezepte: Anton Enns, alle außer: Rose-Marie Donhauser (S. 20), Tanja Dusy (S. 24), Sabrina Sue Daniels (S. 42)

Bildnachweis: Sabrina Sue Daniels, alle außer: Klaus Maria Einwanger (S. 25), Nadja Buchczik (S. 44)

Illustrationen: © angelinast/Shutterstock, © Elena Drozhzhina/Shutterstock, © Fandorina Liza/Shutterstock, © Panda Vector/Shutterstock, © Seohwa Kim/Shutterstock, © Sonko Drimko/Shutterstock, © wasapohn/Shutterstock, © asembagus-art/the Noun Project

ISBN 978-3-7459-0787-2

Druck und Bindung: Polygraf Print, Čapajevova 44, 08001 Prešov, Slowakei

www.emf-verlag.de

FSC
www.fsc.org
MIX
Papier aus verantwortungsvollen Quellen
FSC® C145070